모퉁이 돌

모퉁이 돌

초판1쇄 인쇄 2025년 4월 26일
초판1쇄 발행 2025년 4월 29일

저　자　천강래
발행인　박지연
발행처　도서출판 도화
등　록　2013년 11월 19일 제2013-000124호
주　소　서울시 송파구 중대로34길 9-3
전　화　02) 3012-1030
팩　스　02) 3012-1031

전자우편　dohwa1030@daum.net
인　쇄　유진보라

ISBN│979-11-92828-85-5 *03810
정가　15,000원

잘못 만들어진 책은 교환해 드립니다.
저자와 출판사의 허락 없이 책의 전부 또는 일부 내용을 사용할 수 없습니다.

도화道化, fool는
고정적인 질서에 대한 익살맞은 비판자,
고정화된 사고의 틀을 해체한다는 뜻입니다.

모퉁이 돌

천강래 시집

시인의 말 ——————————————————

늘

읊고 외며 괴는 시편

속심지에 이는 파랑

바다가 하늘빛 닮듯 시백의 경지 밟고자

오롯이

수굿해지는 붉은 가슴 저미고 여민다

2025년 2월 눈이 내리는 날
미사리 서재에서　천강래

차례

시인의 말

1부 소담한 새순

잘합니다 ·12
세월의 회전목마 ·14
날나무 랩소디 ·16
살피꽃밭 향기 ·17
서성이는 일상 ·18
1표2서一表二書 ·20
AI의 입말 ·22
날땅에 선 당신 ·24
불시울 다독다독 ·26
스며드는 여명 ·28
오름 그 길섶 ·29
땅 꺼짐 ·30
풀뿌리 손길 ·31
천식 앓는 가을 ·32
덧없는 여정旅情 ·34
강변에 앉아 ·35

2부 소오롯 잔치

물텀벙 ·38
애운 눈빛 ·39
노을에 그은 빗금 ·40
5일장 황톳길 ·41
솔바람 솔 향기가 ·42
시공간 ·44
초원에서 목마름에 ·46
수국꽃이 하는 말 ·48
외기러기 ·50
모자 쓴 여자·1 ·51
모자 쓴 여자·2 ·52
섶다리 위의 나그네 ·54
겨울 강 ·56
한살이 무늬 ·58
도심의 달빛 그림자 ·59
챙기세요 ·60

3부 은빛 소리

곰말다리 건너며 ·62

꽃무릇 모꼬지 ·64

은행나무 뒤태 ·65

움츠린 꽃샘바람 ·66

꽂힌 눈길 ·67

30년 만의 골목길 ·68

겨울 너스레 ·69

맑은 유리 방음벽 ·70

어느 여인旅人 ·71

말추렴 ·72

도중하차 ·73

먼산바라기 ·74

침 삼킨 침묵 ·75

실기失期 ·76

묶인 발 ·77

허튼 한마디 ·78

필부의 여백 ·80

1부 소담한 새순

잘합니다

휘지고 파들거린
하루가 천년 같은

불현듯 캥거루족 떼밭 일궈 파종이라

내 여윈 초록 물결로
붉은 알땅 덮으리다.

얽힌 속 털어버린 기시감 환한 대낮
후광 따윈 팽개치고 일용직도 서슴없이

가슴 저 깊은 곳에서
영혼이 자유롭다.

오름길 젖은 둔덕 분화구 폭발하듯
청춘가 읊조리며 지축을 뒤흔들 듯
가소성 돈오돈수에
장작불을 지핀다.

세월의 회전목마

골목길 내달리던 세월의 한 토막
넘나든 리듬 가락 구성지게 피어나고
밀물에 발을 담그자 까치놀이 헹궜다

회색 숲 마들가리 삭막한 해거름녘
웃다가, 눈 흘기다 무담시 외로워져
뉘 몰래 광장 서성이다 사당패에 껴들었다

'눈시울 젖은 노을' 난바다에 부표 같은
밀려든 너울 벽의 냉기마저 굽이치는
살 떨린 트라우마에 시달려 속살대다

토라져 돌아서면 어르고 달래가며

고장 난 오토바이 끌고 고개를 넘던 일
지켜본 배롱나무꽃 덩두렷이 새겼으리

구르고 또 굴러서 몽돌이 짓는 미소
하늘빛 닮은 바다 끝 모를 깊은 골에
저 환한 한 삶의 고갱이 아우라가 너볏하다

날나무 랩소디

먼지잼 가뭇없이 풀내 짙게 풍긴 날
치미는 격정 앞에 억장 죄 무너져내린
맨가슴 들어내 놓고
사즉필생 다진다

이 한낮 수란스런 뙤약볕 내리쬐고
흙냄새에 목이 마른 가뭄이 깊어가도
얼결에 사지 꺾인 몸 다지고 또 다진다

그토록 시름겨운 불안 다 걷어내고
차분히 돌아앉아 몽매간 침묵 속에
보란 듯 소담한 새순
싸목싸목 자란다

살피꽃밭 향기

달구비 추적추적 나들목 다독인다
나그네 가위눌려 걷고 또 걷는 길
도린곁 살피꽃밭의
꽃잔디가 반긴다.

부대낀 하루하루 회색 숲 들쳐메고
소리 없이 피어나 눈길 끈 꽃나무들
슬며시 감싸듯 다가와 품에 깊숙 안긴다

꽃 진 자리 아픈 구석 연두빛 새 잎새
흩은 맘 잡아주던 꽃술 갈피 향기가
세간의 이런저런 것
다
끌어안고 가란다

서성이는 일상

신열이 으실으실 발목을 잡고 있다
당신은 가야 한다고 작별을 말하고
때는야 이때란 듯이 개부심이 내린다

할 말은 하 많은데 침묵은 금이라며
지갑을 찾는다고 속에 속 것 다 뒤지고
오늘을 사는 자존심, 오로지 명품이란다

초고층 꼭대기 층 콘크리트 퍼붓는 날
막걸리 쉰 깍두기에 안압이 오르고
저 아래 희비애락이 차바퀴에 휘감긴다

그날이 그날이라 쌓이고 또 쌓인 주름

쫓는 듯 쫓기듯이 땀이 배어 숨이 차도
한 움큼 움켜쥐려고 아귀다툼 법석인가

1표2서一表二書
－초가을 어느 날 여유당與猶堂에서

하늘빛 시새워서 건들마 사운거린 날
열수洌水에 손발 씻고 별서에 드는 햇살
산책길 낙엽 밟으며 사계화를 품었다.

흙길에 내려 앉힌 불현듯 보얀 기운
눈 귀 다 열어두고 해륙을 두루 살피어
'겨울에 강물 건너듯' 서덜길을 밟았다.

한살이 모퉁이 길 세상의 온갖 행태
여백에 실타래 풀어 호롱불 치켜들고
천심을 저버릴 수 없어 민심을 읽었다.

인걸이 사라져간 어수선한 세월 속에

성근지게 펴고 다져 톺아 세운 애민연생愛民憐生
한 영혼 만덕산 기슭 담금질한 세사世嗣다.

선하게 끓어오른 열정 다 저미어서
긴 적막 찰진 시간 불 밝힌 다산초당
관리자 맘가짐 지침서 1표2서 새겼다.

AI의 입말

로봇이 하는 말 네 말소리가 내 말소리
너와 나 살 비비며 수면 아래 앉아 봐
사랑은 숨 쉴 때뿐이야
파랑에 휩싸인다

네게는 혼절할 일 나에겐 일상이다
영혼 없는 몸뚱이 무엇을 바라겠나
내 몸이 네 것이라지만
나는 네 삶 싸맨다

어둠 속 대청마루 상전이 누구겠나
편하려 새것 찾지만 스스로 옭아맨다
힘든 게 행복이란다
노을빛은 곧 사른다

너는야 가는 세월 뭉개며 탓하고
나는야 오는 세월 반기며 샘한다
내게는 붉은 피 없어
무아 무상 춤사위다

날땅에 선 당신
-귀농하는 친구에게

날땅에 쟁기 대자 들끓는 뜨건 눈길
열매 맺나 했는데 상처가 덧이 난다
어제와 다음 날 아침 체온을 재야 한다

계곡의 푸나무들 풀물을 드러내고
무표정 침묵으로 돌아서 투덜대도
낯빛은 늘 맑고 밝게 살피며 만나야 한다

닫힌 문 두드리고 얽힌 다발 풀어헤쳐
숨은 별 찾아내는 슬기를 모아 쌓고
빈 잔을 채워 가면서 발맞춰 가야 한다

김 오른 아침 식탁 국 향기 풍기듯이

새롭고 진지하게 구수하고 산뜻하게
언제나 방파제 같은 선장이라야 한다

불시울 다독다독

소름 돋는 대숲 바람
주변이 술렁인다

구성진 아부라이 호들갑에 멍청해져

네 얼굴 그려보는데 잡히지가 않는다

조각달 능선 넘어
다시 보기 어렵다기에

치오른 아침노을 밟고 찾아 나서는데
낮달이 히죽거리며 구름 뒤로 숨는다

언제나 따스했던 볼수록 밝은 낯빛

건들마 그리 좋아

낙엽 따라 돌아섰나

불시울 다독 다독여 곡두처럼 새기련다

스며드는 여명

짙게 물든 석양빛 목덜미에 감겨든다
저 먼 곳 바라보는데 후두둑 늦은 비
어두운 방 안 온기에 뒤척이는 그림자

후끈한 오페라의 막장이 옮겨지고
맑은 네 음성 들으려 골목길을 오른다
별들의 열꽃이 곱게 피어나는 밤 아홉 시 반

처마 끝 손톱 달이 눈인사 건네는데
울리는 국제전화 딸아이 밝은 음성
안산의 능선에 자늑자늑 스며드는 여명

오름 그 길섶

푸나무 저들만의 욕기 서린 낯빛이며
쑥부쟁이 다소곳한 꽃잎에 그만 홀려

한살이 피고 지는 길섶
풀 향기에 젖는다

저만치 멀었든 산 그 품에 안기자
뻐꾸기 차용화음 내 맘을 달래나 흩트리나

나만의 내면의 소리
개울물에 띄운다

땅 꺼짐

조금 전 관광버스 웃으며 스쳐가고
박스 실은 늙은 수레 소리 없이 지났는데

콜택시 타려고 하는데
눈앞에서 싹 사라졌어

허허 참 멀쩡한 길바닥이 휑해 부렸어
부슬비 내린께 낮도깨비 장난치나 했지

눈 한번 감았다 뜨자
세상만사 갈라졌어

풀뿌리 손길

솔가지 등짐 지고 허기를 달래가며
깔끄막 오르내린 한 시절 풀뿌리 손길

능선이 구름 타듯이
흥겨웠던 풀피리

서덜길 거침없이 밟아가며 불 지필 때
저물녘 느닷없는 갈기 세운 태풍경보

한 생애 무거운 시간
숨결 가득 채웠다

천식 앓는 가을

무덥던 푸른 날의 별빛이 서늘하다
된소리 마른 소리 시와 때 못 가리고

그 누가
듣거나 말거나
보거나 말거나

닿을 곳 알지 못한 떠도는 부표처럼
단풍든 잎새 사이 한두 송이 철쭉꽃처럼

철이 덜 드는 것인가
노망기에 휘둘린 건가

갈림길 헛갈리는 허탈인가, 호기인가
푸르름 누르스레 부대끼는 이파리들

하 그리
변화의 시대
때도 시도 바뀌는가?

덧없는 여정旅情

저 먼빛

산골 마을 뜬소문 별빛처럼

박힌 삶 떼어낼 듯 덩달아 뜀박질하다

못 메운 허기 둘러매고 돌아서는 좁은 길

무시간 뒤척이며 쌓고 쌓은 모래성

섞바뀐 직선과 곡선 별것 아닌 부푼 녹

못 삭인

굼뉘에 휩싸여 든바다만 떠돌았다.

강변에 앉아

시월도 초하루 날 해서체로 흐른 강물
대교 위 아지랑이 달린 차 등을 타고
마른 목
축이려는 듯
자맥질이 한창이다

사소한 푸른 갈피 강변 길 그 한나절
속울음 쥐어짜려다 채워야 할 구긴 여백
시 한 수
읊으려는데
툭 떨어진 잎새 하나

2부 소오롯 잔치

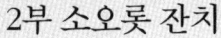

물텀벙
―아귀 열전

몰골이 못 생겨서 배고픈 귀신 어종

'천대와 구박의 흔적' 지구촌 어디서나

어부의 손에 닿자마자 물텀벙 되는 신세

겉모습에 침 뱉고 돌아서는 인간 속성

어느 날 지옥 문턱에서 승천한 귀하신 몸

식감도 쫄깃한 저칼로리 어생역전魚生逆轉 아귀라

애운 눈빛

빈손을 움켜쥐고 몸 굽혀 인사하는
귀여운 작은 체구 옷고름에 맺힌 이슬
뉘 몰래 그리 그리워 낯붉힌 애운 표정

굴풋한 노을 녘 기다림에 지쳐버린
가슴속 타들어 가는 헤식은 안색이며
제 삶의 자화상 앞에 구슬픔 삼키는가

미혹의 어둠발을 떨쳐내고 돌아서서
오지랖 붙들고서 존재의 흔적 찾는가
갓 밝은 불빛에 스쳐 번득이는 그 눈빛

노을에 그은 빗금

출렁인 목마 타고 굽어보는 세상사
서녘의 질퍽한 길에 헛손질 휘두르나

또 어느 바래져 가는 영혼의 빛 흐릿하다

선박 몇 드나드는 포구의 노을 녘
외진 골 헛된 추억들 표백되어 사른다

잊었던 층간 소음에 이성이 흔들리나

맥박이 빨라지게 서둘러 내달리고
허기 속 안간힘 다해도 일몰은 찾아든다

몇 굽이 꽃바람 살랑 흙더미에 묻힌다

5일장 황톳길

떠도는 장마당에 땀벌창 박물 장수
풍물시 풀어내며 허설 읊는 풍각쟁이
비 그친 하늘 틈새에 총총걸음 기러기 떼

얼씨구 절씨구나 맥장꾼 난데장꾼
멜갑시 장바닥을 붓질하듯 비실대다
노을 녘 어쩔 수 없어 뒷산 능선 밟는가

잰걸음 싸목싸목 오가며 가득 메운
앞섬과 뒷섬 같은 옷자락 이야기들
이제는 적막이 깃든 별들만의 황톳길

솔바람 솔 향기가

찰떡에 버무리는
콩고물 냄새 마냥
꿀꺽 침 삼키도록 스며드는 이 기운

할머니 쓰다듬어주신
따스한 손길 같다

사념에 젖어 살다 예고도 없이 불쑥
에굽은 동네 야산 그 기슭에 들어서자
솔바람 솔 향기 듬뿍
내 엉킨 속 달랜다

푸나무 낯빛 다

못 새기고 스치는데

어느 틈에 다가와 슬며시 안기어서

몸에 밴 잡내 말끔히

씻어내어 바랜다

시공간

회색 숲 고샅길에 느닷없는 싱크홀
누구도 가늠 못 할 시간과 공간의 벽
맘속은 메마른 봄 햇살 꿈틀대는 난바다

한 치 앞 알 수 없이 다가오는 시공세계
울림은 쉬지 않고 천리마는 달리는데
능소화 담장 너머로 아낙 안부 묻는가

푸른 섬 물빛은 하늘빛 닮아가는데
빌딩 숲 마른 향기 목젖이 내려앉고
한 생애 귀얄 스친 무늬 언제 어디 걸리나

빗금은 빗금대로 흔적은 흔적대로

허상은 일상화될 자율주행, 드론 택시

꽃무릇 소오롯 잔치 휘둘리는 시공간

초원에서 목마름에

별똥별 빗금 긋듯 달리고 내달았다
발길을 멈춰봐도 잡히는 것 없는데

또 어느 된비알 기대어
목청 한껏 높이나

바래진 달빛 아래
보듬지 못한 힘든 이웃

비린내 지워내고 마음 다 열어봐도

길 떠난 웃음소리는
가늘고 희미하다

먼 하늘 초원에서 목마름에 기진해

이제는 어디에서 무엇을 잡아야 하나

내 영혼 살얼음 위의

게르 밖을 서성인다.

수국꽃이 하는 말

삶의 터 누구나 다
짙은 맛 내려는데
주리고 얽매어서 파르스름 낯빛으로
한 생애 저당 잡힌 땅 그냥 그리 웃는다

허튼 말 떠돈 세상 잡음 다 접어두고
타오른 분홍색상
뽐내는 것 아닌데
고깔 쓴 진한 흙 맛에 그리 그래 웃는다

세상사 권세 따라 부귀빈천 뒤바뀌듯
땅심의 산도 따라 형색을 달리한다
한 아름 하얀 꽃 군상

치우치지 말란다

*수국꽃은 토양의 산도에 따라 색깔이 달라진다. 알칼리성이면 빨갛고 산성이면 푸르스른 색이고 중성이면 하얗다. 수국꽃은 한 송이가 아니라 여러 낱개의 송이가 모여있다.

외기러기

마른 햇살 비스듬히 가라앉는 저물녘
어디로 튈지 모른 풍경 다 비워내고
뉘라 저 시대 흐름 놓쳐
꿈을 사른 한 사내

만질 수 없는 꽃매미 울다간 빈자리
황혼에 흔들리는 연둣빛 휘는 계절
간절한 소망 바라며
가슴 저민 한 여인

모자 쓴 여자·1

콧등에 스쳐 가는 분홍빛 향기 같은
잔비가 내리던 날 고깔모자 쓴 여자
미소진 그대 눈빛은
모퉁이길 장미꽃

보자기에 쌓지 못한 악보를 잊었는가?
다시 안 볼 것처럼 돌아선 버킷햇 쓴 여자
자신의 삶 뒤적거린
바위틈의 물까치

다들 가는 길 너도 그리 걷는데
발간빛 가로등 아래 벙거지 쓴 여자
명절 앞 간이역 플랫폼
들여다본 조각달

모자 쓴 여자 · 2

오솔길 바람처럼 휙 앞서가는 이

날씬한 흰 바지에
빨간 빵모자 쓴 여자

앙가슴 소복한 볼륨 돋보이려 내치는가?

비 온 뒤 맑은 뜰 안
바람 한 잎 없는 날

황금빛 들녘 가로지른
베레모 쓴 여자

속 끓은 일 펼쳐놓고

추상무늬 새기는가?

가다가 돌아서자 누구도 안 보인다

얼룩진 초겨울 밤

부니햇 쓴 여자

빈방에 군불 지피어 삶의 궤적 더듬는가?

섶다리 위의 나그네

째각째각 한 바퀴 돌고 나면 시간이

몇 바퀴 돌고 돌면
날 · 달 · 해가 바뀐다.

다 해진 생애 한 자락 펄럭이는 나그네

어제와 오늘 내일
늘 바뀐 세상 형상

자리는 그 자린데 목소리가 다르다

깃 젖은 시름 사르고

새 힘 돋운 나그네

겨울 강

뚝방 길 마른 풀잎
진서리 품고 있다

잠긴 물길 깊은 숨결
아득히 멀어진다

오롯이
세상일 다 안고
머물 줄 모른다

강섶의 저 살얼음
치밀은 삶의 자락

나 지금 무아무심

네 곁을 스치는데

네 속심 못다 헤아려

발걸음이 덧없다

한살이 무늬

흔들린 빈 소리에 대끼고 탓하다가
메마른 일상에서 몸에 땀 배어나는
또 어느 빗살무늬 삶
경계를 뛰어넘나.

때로는 주눅 들고 어쩌다 어깨 펴고
홀연히 피어오르다 다따가 팽개치다
몇 굽이 얼룩무늬 삶
언제 단색 칠할거나

너덜길 마다 않고 비집고 재촉하며
놓칠까 잃을까 봐 붙들고 내달았다
저 넓고 푸른 지평선
계절의 꽃은 피어난다

도심의 달빛 그림자

어릴 적 이야기가 춤추듯 고스란히
환한 달빛 그림자에 반딧불 무늬로 앉아
꿈속에 배어난 추억들 음양각을 새긴다

혼재한 도심 속 방황한 영혼들
희비가 엇갈린 토할 듯한 매캐한 미풍
노숙자 등을 만지는 귀엣말이 무겁다

잊혀진 삶의 조각 꺼내어 꿰맞추고
큰 웃음 웃어가며 일어나 걸어보자
보고파 보려고 하는 가벼워질 발걸음

챙기세요

바깥을 둘러보고 거울 앞에 서보세요
신발 끈을 조이세요
걷고 뛰기 위해
순간의 떠오른 생각 메모를 해두세요

외투를 두르세요 불편함이 없도록
허리띠를 조이세요
배 나오지 않도록
평범한 일상 찾아서 꽃길을 살피세요

모자를 챙기시고 내 모습 살피세요
구긴 것 버리시고
위상을 바로 세워
한 생애 늘 환한 낯빛 간직하고 서세요

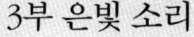

3부 은빛 소리

곰말다리 건너며

한가람
송파나루
들녘에
꿈 심는 마을

자나 깨나
잊지 못할
흙 쌓아올린
뜨건 숨결

위례성
말발굽 소리
귀뿌리에

휘돈다

*곰말다리 : 서울 올림픽공원 내 몽촌해자 호수 위의 다리.

꽃무릇 모꼬지

알뿌리 웅얼대는
살 떨림 감싸 안고

오두발광 낯빛 붉힌
가슴 태워 돋는 색기

온 동네 왜자한 소문
별들마저 들먹인다

은행나무 뒤태

설익은 가을 색 띤
숨은 여인 치맛자락

은행나무 뒤태에
피어나는 시루 향기

사나이
타드는 가슴
쪽빛 하늘 나는 새

움츠린 꽃샘바람

북한산
고즈넉이
기울어진 하늘가

홍매화
곁눈질에
움츠린 꽃샘바람

허기져
휜 허리 잡고
황사 품에 안긴다

꽂힌 눈길

그녀는 내 눈길을
홍시로 가득 채운다

여인은 나의 눈길
그냥저냥 한껏 즐긴 듯

아닌 척
내숭 떠다가
뒤돌아서
보는데…

30년 만의 골목길

굽잇길 돌고 돌아
뒷자락 아득한데

가슴 저 깊은 곳

눈물 훔친
외로운 날

옛벗이
문득 찾아와
밟아보는 골목길

겨울 너스레

부서진
강변 얼음
짓무른 해거름에

민낯이
간지럽나
가위눌려
비척대나

동남풍
들썩이는데
삽을 탐한 너스레

맑은 유리 방음벽

방음벽

그 아래

영민한 딱새 두 마리

설피꽃밭 알씬대다

넋 놓아 아차했나

오롯이

한살이 하늘길

누군들 알겠는가

어느 여인旅人

산수국
어정뜨는
여울목 은빛 소리

퍼붓는
햇살 번진

무구한 저 눈빛

말매미
떼창 한참인데

귀를 닫고
가는 이

말추렴

물안개
피어나듯
흩트리는 말추렴

주변은
슬렁슬렁
주어는 물 밑으로

다 삭은
꽃향기 달콤함
비워진 풍경 하나

도중하차

눅눅한 곳 좋아 살다
넘치자 숨 막힌다

밝은 곳
찾아 나서자
깡마른 보도블록

비 온 뒤
투덜댄 지렁이
허무 무상
하염없다

먼산바라기

첫차는
개으름 피다
막차는 딴짓하다

멜갑시 허둥지둥
비끄러맨 얽힌 속내

뜬 세상
먼산바라기
앞 잔치에 간힐라

침 삼킨 침묵

잔 못질
몇 마디에

한두 번
침 삼킨 침묵

여유를 갖고 보자
흐르는 맑은 강물

꽉 닫힌
빗장문 열리자
푸른 잎이 나부낀다

실기失期

오라면 돌아서고
하라 하면 그렇다고

헛그림자 밟고서
아닌 말로 뭉긋대다

어설픈
뜬구름 쫓다가
는개 속에 묻힌다

묶인 발

대나무 잎새 사이
또렷한 네 모습

호수는 동부새 앞세워 초승달을 흔드는데

저물녘
다가서지 못해
콩당콩당 묶인 발

허튼 한마디

노을빛
끌어 앉고

퍼지른
잡담 흔적

절친한 친구
젖은 뒷굽을
샛별이
닦아주랴

무담시
허튼 한마디

무거운

짐

지웠나

필부의 여백

산행의 초입에 한 다발 이야기가
중턱은 비스듬한 햇살 여민 언어들
능선에 이르렀을 땐 텅 빈 속 채운 바람

오롯한 삶의 원형 간추려 밝힐 색상
가슴 저 깊은 곳 돋워줄 맛과 질감
좋은 것 담아 채우려는 필부의 여백

속심의 한 귀퉁이 둥근 달빛 괴 놓고
탐하지 않는 숭고한 꽃향기 풍기며
저기 저 대청마루의 작은 분홍 보자기

4부 꿀샘 사랑

꿩이바람꽃

길 위에 바람일 듯.
움츠린 가슴 열어

낙엽 사이 잔망스레
가늘게 짓는 미소

담담히
시공에 새긴 언어
애절한 저 작은 손짓

변산바람꽃

마른 잎 무늬 사이
갯바람 끌어들여

피어린 슬픈 전설
옷깃 여며 가는 몸짓

산자락
어미의 품속
깔때기
꿀샘 사랑

홀아비바람꽃

잔설 위 겨운 하루

빈 가슴 허섭한데

물 긷는 여인 보고

진하게 스며든 연민

못 잊는

홀아비 시린 속

애잔한

소슬 풍경

쌍둥이바람꽃

정겹고 순박한 미
새 생명 기품 안고

활력이 넘실거린
가냘픈
쌍둥이 자매

은빛에
반짝거리는
태양을 사윈 향기

너도바람꽃

눈 덮인 낙엽 치밀고
아니 온 듯 가버린

피어난 한 송이 꽃 애틋함 못 잊어서

차갑게 젖어 든 고독
바위틈새 묻는다

들바람꽃

트이는 쪽빛 하늘
아늑한 아침나절

난장의 아부라이
누구를 기다리나

춘삼월
바람피운 이
숲의 건달 찾는가.

바람 바람 바라ㅁ꽃

잔설을 끌어안고 슬며시 머리짓는 미소

 혹독한 겨울 색이 남아도는 산자락에 마른 낙엽 사이 비스듬히 내밀고 나와 실바람에 살랑대며 그저 휘둘리는 작고 사소한 꽃, 이른 봄 제일 먼저 눈웃음 피우며 찾아온 머리짓는 바람꽃, 종류도 많고 생김새도 다양한 일찍 피었다가 바람처럼 오는 듯 가버린 꽃, 이름하여 변산바람꽃 꿩이바람꽃 홀아비바람꽃 나도바람꽃 쌍둥이바람꽃 숲바람꽃 너도바람꽃 회리바람꽃 풍도바람꽃 긴털바람꽃 조선바람꽃 세바람꽃 들바람꽃 국화바람꽃 외대바람꽃 태백바람꽃 남바람꽃 가래바람꽃, 꽃과 꽃대는 여리고 작아 가냘프고 애틋한 전설의 꽃, 꽃말의 뜻도 많다, 덧없는 사랑 버릴 수 없는 사랑 금지된 사랑 그리움 남겨놓은 사랑 비밀스런 사랑, 사랑의 괴로움 되새기는 사랑 바람꽃은 강인한 생명력과 자연의 신비로움에 용기와 희망 성장과 성취 인내와 의지 사랑과 감사 자유와 변화 긍정과 유연함 새로운 시작 여성스러운 소박한 아름다움 묵묵히 시공간에 새겨진 창조적 언어들…

움츠린 가슴 활짝 펴 잠깐 왔다 간 사랑

잠이 시들다[不眠]

홀랑 다

벗어놓고

계곡물에 뛰어든다

허공에

흐미한 불빛

기적 소리

길게 뻗은

낯설지 않은 외딴집

휘둘리는

눈시울

나도바람꽃

실루엣 어른거린 습하고 기진한 날

현호색 여린 줄기
꽃샘바람 끌어안는

파고든 사랑의 비밀
작은 씨가 여문다

소리·1
−생활 소음

먼 훗날 가지런히
고요를 포개 볼까

현주소 갈림길에
좌우로 묶여 있어

열린 귀
가랑비에 젖어
옹색하게 웃는다

푸른 들의 쉼터

먼 곳은 신발이 울고

좋은 것은 눈앞에 있다.

어제와 내일 사이

열린 길이 무덥다.

그리들

즐겨 찾아드는 곳

적막이 쌓여간다.

밥알

처음과 마지막은
삼세번 기본이야.

겨자씨
챙기려다.
이 세상 끝자락은

핵무기
방아쇠 쥔 손
오직
밥알 때문이야.

반도의 꿈

하나로 들끓기를 바라는 반도의 땅
네 잎의 클로버는 어둠 속에 묻어두고
울다가 웃으려다가 깃발 하나 못 쳐든다

언제 꽃이 피고 벼락 칠지 알 수 없는
갈 길 멀고 험한데 어스름 속 굼뜨는가
집념이 헛되지 않게 굽은 햇살 펴보자

잠 못 자고 눈에 밟힌 청춘의 열병으로
꼭 안아 주고 싶은 불타는 입술로
신나게 깃발 펄럭이는 그런 날이 그립다

움츠린 함성이여 희미한 불빛이여

바라는 지상의 꿈 오직 자유고 평화인걸

왜 그리 썩은 뱃속을 후비고만 있는가

드론의 메시지 -live-

춥지도 덥지도 않고 바람 조금 붑니다
밤낮은 냉기 · 온기 되작되작 하다가
맑은 날 서서히 물리고 늦바람에 황사가

東쪽엔 오페라 리허설에 바쁘다는데
西녘은 전쟁놀이 오징어 게임이 범벅이고
타다 만 찌그러진 탱크 녹물로 화장합니다
南쪽은 동화마을 애들이 뛰노는데
北녘엔 허리 휜 아낙들 마른 강가 서성이고
길 끝에 소나무 한 그루 나이테를 그립니다

밤새 온 폭설은 강풍에 휘날리고
빈집의 사립문이 두덜두덜 거립니다

무 승승 선바위 말없이 제자리 지킵니다
어느 날 느닷없이 지진이며 폭풍우에
태양 빛이 사위어 방주를 찾습니다
비둘기 나뭇잎 물고 나는 그날이 그립답니다

세상사 숲의 장막 켜켜이 얽히설키
24시 번진 산불 도심 집들 삼킵니다
인간의 속심 갈피갈피
육화할 수 없을까요

가을 맛 가을빛

트인 하늘 쳐다보고 가을 맛 담아볼까
알알이 영글어 가는 가을빛 감아줄까

내 맘과
네 마음 깊이
드리고픈 꽃물이다

배고픔 달래주는
파글파글 고구마의 맛

찰지고 알싸하게 안긴 고추장 붉은빛
발효된 그 빛 그런 맛에 푹 젖고픈 한마당

호박 미소

사는 냄새 짙게 풍긴

재래시장 거닐자

바람이 머물듯이

차분히 가라앉는

마침내

어머니 품속 같아

호박 미소 지워본다

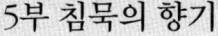

5부 침묵의 향기

까막까치 소리
―酒店의 酒情, 征治

흐린 날 을씨년스런 골짜기 까마귀 소리

　옴팡집 주점정치酒店酊治 보이는 것 없나 보네 보이는 것 있어야 들리는 것도 있을 터인데 갈 길은 험하고 멀고 먼데 주점酒店의 주정酒酊에 귀 기우려 주정酒政을 세우려는 당당한 주객酒客의 주정酒酊에 살고지고 읍소라니, 이럴시고 저럴시고 주인은 간데 없고 주객酒客이 객주客主로 나서 주고받고 하는 정치酊治라 장막 안 듣보잡이들 어리보기 귀살쩍다
　고성에 삿대질 치받다가 돌아서 악수하고 웃으며 타협해 합의점 찾는 이성과 지성이 감성과 정서가 화합의 조화를 이루워 민생과 민심을 바로 읽고 바라보며 나랏일 보듬어 꾸려가는 것이 민주주의 정치政治인 것을 내가 아니면 너도 아니고 나만이

최고라 나만 바라보고 따르라는 태평성대의 왕권 통치統治는 귀족들을 위한 정치情治요 군부 독재나 공산 사회주의 통치統治는 얼개화 패거리들의 정치征治인 것을 시대가 어느 시대이고 어떤 시대인가 AI가 문학 작품을 쓰고 전쟁을 하는 시대인 것을 아~ 아아 서라

맑은 날 안산 솔 향기에 그리운 까치 소리

*2024년 12월 03일 22시 28분 윤석열 대통령 비상계엄령 선포, 6시간 만에 해제한 헤프닝으로 위기의 한국정치.
　*酒情 : 술의 정서 / 征治 : 패거리 통치 / 情治 : 감성 통치 / 酊治 : 술 취한 통치 / 酒酊 : 술취한 정신

모퉁이 돌
- "집 짓는 사람들이 내버린 돌이 집 모퉁이의 머릿돌이 되었다*" 행4:11, 시118:22

못나서 꺼칠하고 볼품없어 버려둔 돌

나뭇가지 사이로 담 슬쩍 넘어온 조각달 내려앉자 보듬어 만지고 다독이며 귀엣말 속삭인다, 버려져 뒹굴다가 아무나 할 수 없는 명장의 손길에 쪼고 또 쪼아내 다듬어져 낮은 곳 덤덤히 자리 잡고 말이 없다, 아침저녁 햇살이 애만지고 거센 비바람에 들켜 후비어도 꿈적 않은 그 모습 그대로 머릿돌은 좌우를 어우르며 가로세로 어느 쪽에도 치우치지 않고 공평무사 균형 잡는 기둥의 받침으로 없어서 안 되는 건물의 기초석 돌

주춧돌

기둥의 머릿돌

모퉁이 돌, 모퉁잇돌

자신의 것 다 내려놓은 듬직한 저 침묵의 향기

꼭질

세상의 일 자나 깨나
지는 것이, 이기는 거라

글도 그림도 모른다고 말라비틀어진 시래기를 쓰레기라 투덜대며 버리고 웃지 마라, 쓰레기 같은 무쫑을 시래기로 만들어 먹고 가난의 골목을 오르고 돌며 이겨낸 조상들의 슬기를 뜨겁게 품어보라, 맛이 없다고 내뱉고 보기 싫다고 돌아서고 못마땅하다고 주저앉거나 방방 뛰지 마라, 꼭꼭 숨어들다 바람처럼 어디론가 사라질 것이 아니라 환한 낯빛으로 뛰쳐나와 만세를 부르는 것이 숨바꼭질의 꼭질. 목에 뭐가 걸리거나 놀라서 당황스러울 때 스스로 위기를 극복하려는 무의식의 자발적인 치유

반응의 꼭질이 딸꼭질

잘 났다고 까불다
자빠질라 말꼭질.

집밥

아버지 지문이 새겨진 밥상머리

사는 것, 저마다 인생의 맛 찾는데 도대체 무슨 맛으로 살았나, 쌀밥 한 번 먹어보는 것이 소원이었던 시절 부엌 앞에서 형수의 주걱 뺨에 붙은 밥풀을 떼먹는 흥부, 인생은 저마다 간절함에 깃들어 꽃길을 찾으려 꿈틀거린다.

먹고 먹어도 먹고 싶은 밥알에 어머니 음보蔭補가 담겨 모락모락 김이 솟는 가마솥 밥, 깊어간 세월 속 매콤새콤 묵은지 깍두기 열무김치 깡보리 오이장아찌 오도독 비빔밥 비 온 뒤 시원한 샛바람에 실려 온 햇살 얹힌 아침 밥상, 달빛 아래 모깃불의 푸나무 향기 휘감는 평상 위의 저녁 밥상, 땡볕이

내리쬐는 그 여름날 쪼그리고 앉아 김맨 후 할머니 어머니 누나 적삼의 땀내가 배어난 대청마루 늦은 점심밥

  먹구름 잦아드는 저 먼 하늘 자락 삶의 갈피 번득이는 번개가 땅끝을 파고들고 보이지 않은 허기가 고비마다 하늘 아래 덮치고 번지어 발갛게 다지는 마당, 사랑의 씨가 가슴에 드리우고 새싹을 틔운 우리 집 밥상

  어머니의 손맛이 발효된 밥상의 집밥

이 가을

어느덧 옹골지게 찾아든 가을입니다

곱게 물든 계절 풍요로움 가득 안고 방랑시인 김삿갓이나 카사노바나 행색으로 떠돌고 싶어 배낭 하나 들쳐 메고 발길을 옮기입니다. 가는 곳, 갈 곳이 꼭 있어서가 아닙니다. 발길이 닿는 대로 들길에, 산행이며 강변이나 해변도 좋고 농어촌 골목길이나 포구, 오일 장마당의 풀빵이며 목축임 막걸리, 혼자도 좋고 동행자가 있으면 더욱 좋습니다. 가끔은 먼 나라 둘레길을 찾기도 하고, 나서면 설레지도 않고 차분해지는 가슴 속에 밝고 따사로운 미소가 알알이 쌓입니다. 저 맺힌 열매가 때가 되면 어느 날 싹을 틔우듯 밝아오는 여명의 소리가

귓전을 때립니다. 자신도 모르게 시들 해져가는 생기가 되살아나 그저 기분이 좋아집니다.

펼쳐질 연둣빛 싹의 꿈이 푹 치미는 이 가을

노마드 nomad

비빌 언덕 마땅찮아 길을 꺾고 또 꺾는다.

주어진 길 걷다가 새롭고 더 나은 길 찾아 옆으로 앞으로 꺾고 다시 꺾어 치근덕거리다, 정체 형성은 바람처럼 구름처럼 사르고, 두 눈은 앞을 향하는데 의식은 허공에 무의식은 바닥에 생각의 길은 두길 세길, 숲으로 해변으로 여울 물소리 새소리 짐승 소리 흔들린 마음의 뿌리 내릴 곳은 어디, 인생 잡사 부려놓을 곳 어디,

언제 어디서나 가다가 높낮이 춤추며 부딪치는 변곡선, 멎는 듯 변하고 변하여 펼치고 치솟아도 무표정한 세상의 침묵, 바라는 한길 잡초 속 꽃을

보고 어두운 슬픔이 무너져 내리는 밤, 밤 깊어 별빛 달빛이 떨어져 촛불을 켜는 피곤을 잊고 한마음 풀어내는 뒤엉킨 가시밭길, 불모의 땅 건너뛰고 겨울을 이겨내 봄을 기다리는 사랑의 씨 파종하는 사람과 사람들 사이

　미소가 오롯이 깃든 그윽한 길에서나

마른 흔적

언제나 밝은 낯빛
그가 표정 없이 돌아섰다.

애견도 그 누구도 마주 보지 않았고 뒤 돌라보지 않았다. 주변은 폐기물로 어수선할 뿐 다들 긴장감이 무너져 내리고 무덤덤해진 각자의 깨진 개성의 조각들을 허술한 주머니 속에 구겨 넣고 지퍼로 가두고 있었다. 흑암에 혹독한 추위도 오감은 느슨느슨해져 갔다.

전쟁터의 죽은 자와 산 자의 관계처럼 벌건 찬 바람이 무겁게 가라앉고 손목의 초침이 멈춘 건지 거꾸로 도는 건지 침묵은 까치놀 밟고 너울을 넘어 하늘 끝 먹구름을 삼켰는지 먹혔는지 …, 손끝 놀

림의 감각은 둔해지고 눈동자가 퍼져 표적이 희미
롭다.

　　흔적의 깊이를 재려는가
　　열병에 떨다 다문 입

세월의 귀퉁이

해종일 가물거린
세월의 한 귀퉁이

빈 바람 좁은 골목 비수悲愁에 젖어 들다 청아한 생명의 향기 코끝 쨍하게 와닿아 파랑에 들떠 하늘하늘 흔들리고 흔들리다, 타성에 젖어 들어 시들해진 삶, 포도시 난바다로 눈을 떠 기적을 울려보려는데

나 지금 목마른 산마루
옹달샘이 그립다.

워매 참말로

참말로 똑같은 말 들었네, 오늘 아침

겨울이 겨울답지 않게 봄날 같아 좋기는 한데 새해의 농사에는 병충해가 많아 안 좋은데 어떠냐며 늘 염려했는데 이번 초겨울이 이리 추운 걸 보니 겨울답게 추울까 보네, 추운 날이면 의례 어머니 하시는 말 '모자 쓰고' 나가라든 음성 늘 귀에 쟁쟁한데 날씨가 갑자기 영하 9도로 내려간 출근길 아내가 하는 말 '모자 쓰고' 가시라네, 워매 참말로 똑같은 말이 새롭게 다가온다.

이 아침 어머니의 체온이 느껴져서 따습다

소리 없는 종탑

해맑은 날 꽃향기 뜰 안에 가득한데

집을 나서면 늘 눈에 띄는 세태의 잡음 끌어안은 뾰쪽한 종탑이 다가온 듯해 귀 열고 쳐다보고 쳐다봐도 십자가 치켜들고 무거운 침묵이다, 새벽 종이 울리고 청소년 귀가 시간 알리던 그 종소리는 옛날 옛적의 옛이야기, 급변하는 시대인 요즘 생활 소음, 취미 오락소음 교통소음 음악 등 소음에 소음 덧붙이다 비틀거리고 부대끼다 시달려 무너져 내린 소음 귓밥에 거슬리고 거슬려도 뻥긋하지 않는 것이 금이란다 아무렴 그렇다 하더라도 할 말 안 할 말 분별하여 울리지 못하는가? 세상사 잿빛에 익숙해져 흑백 홍청의 색맹처럼 휩싸여 어울리고 몽돌처럼 굴러가는 거야 그래야 큰길 작은 길

샛길 밝은 길 어두운 길 막다른 길 굽잇길 도도리길 서덜길 황톳길, 거기 갈 길이 있다 하네, 폭우에 강풍이 쓸고 간 뒷간이 어수선한 날 아날로그·디지털 세대·빈부차 우파 좌파 진보 보수 치우치고 구부러져 티격태격만 하다가 불현듯 로봇이 다가와 사방을 둘러싼 AI가 어쩌고저쩌고하는 시대는 어찌할 것인가? 그거야 AI가 알지 물은들 누가 아나 그때는 그때고 늘 우리 곁에 수성 쌓는 유명인과 그 주변을 서성이다 날아든 들보잡이 얼키설키 어울림에 몽돌처럼 구르는 거 아닌가, 그러니 그 울림을 주든 종소리 허공에 싸여 우주 밖으로 멀어져 갔네

  울림의 날은 언제인고
  밝은 빛깔은 무엇인가?

5부 침묵의 향기

그대의 빈터

햇살이 머문 창가의 뜰
서글픔의 꽃잎 보네

 이마에 맺힌 이슬이 붉다, 피가 진하듯이 그가 없는 자리 휘어진 삶의 한구석에 도세가 찾아들어 잠시 진저리친다, 꽉 막힌 길 아래 길에서 읊고 싶어도 읊지 못한 서글픔, 흔들리는 세상사 펴지 못해 뒤돌아 들여다본다, 나팔꽃 달맞이 애기똥풀 쑥이며 개망초 무성한 거기, 큰 산그늘이 진을 쳐 어쩔 수 없어 애석한 마음 하나 접지 못해 뜬눈으로 쉬일 곳 찾아, 떠돌다 밤새 외로운 눈물 적시어 아침이슬 맺힌 하늘 아래 붉은 꽃을 보겠네, 그대의 빈터에 동백나무 한그루 심어두고, 먼 훗날 새 잎

새 새 꽃술 새 목소리 새 모습으로 이팝나무 춤추
는 하얀 꽃을 안고 서겠네

    세상 것 다 털어버리고
    새벽을 깨워 환하게 펴려네

헛꿈

한밤중 선잠에 흠뻑 적신 식은땀

  잠의 리듬이 깨져서 수많은 크고 작은 숫자가 난무하는 꿈을 꾸고 또 꾼다. 친구들과 숫자 퍼즐 놀이를 한참 하다가 숨바꼭질하며 숨어든 컴컴한 텅 빈 공간 속에서 가물가물한 숫자가 서서히 움직이다 화려한 조명등이 켜지자 크고 작은 천연색 숫자와 얼룩무늬 숫자가 난잡하게 추는 춤, 숫자가 옆으로 눕고 뒤집히고 널뛰기를 하고 뒹굴고 엎어지고 빙빙 돌다가 물구나무서며 극성이다, 하트 모자를 쓴 작은 무늬 숫자가 복권 숫자라고 누군가 소리치자 너도나도 그 숫자를 찾아 이리 뛰고 저리 뛰며 주워 담는데 느닷없이 등 뒤에서 울리는 늑대

울음소리에 다들 오싹, 심장이 콩당콩당 뛰는 듯 온몸을 움츠린다, 여명에 늑대와 절벽 사이 뛰어들어 처음 본 비좁고 험한 가파른 길, 어, 어~ 어?

똬리 튼 낭떠러지에 황사가 일고 있다

낡은 골목길

지나온 발자취가 지워진 시간의 흔적

애틋하게 헤아려 보는 '간직한 일' 사라졌다 어느 순간마다 되살아나는 기억, 대대로 살아온 동네가 재개발로 무너져내리는 정들었던 낡은 골목길, 아버지 발자국 소리를 쫓던 개가 짖고 뛰어 달리던 곳, 겹겹이 둘러싼 울타리 골목 아이들 제기차기 숨바꼭질에 시끌벅적한 그 골목길, 내가 살던 동네가 흔적도 없이 하루아침에 사라져버린 들꽃 향기 같은 그리움

세월 속 휩쓸려가는 바람의 골목길

해설
여유와 관조, 혹은 성찰과 깨달음의 시학
—『모퉁이 돌』의 시조 미학

황치복(문학평론가)

1. 인생에 대한 통찰, 혹은 고유한 삶의 형식

『이팝꽃 하얀 바람』,『솔잎 사이 은하 마당』,『내 작은 잔을 위하여』,『가을 여백』에 이은 시인의 다섯 번째 시조집이다. 그동안 시인은 언어의 절약과 여백의 미를 구축하면서 시조가 발휘할 수 있는 절제와 응축의 시조 미학을 구현하면서도 우리의 국토와 민족사에 아로새겨진 구수하고 애틋한 정서적 결들을 발굴해 온 바 있다. 이번 시집에서도 시인은 언어를 최대한 절약하는 침묵의 미학을 구현하면서도 시간의 흐름이 불러일으키는 근원적인 정서적 파동과 실존적 인간이 직면할 수밖에 없는 한계상황과 그에 대한 정동을 그려내고 있다.

이번 시조집에서 특히 부조되는 면은 자신의 일생을 돌아보면서 정리하는 마음의 풍경이라고 할 수 있는데, 이러한 작품들은 단순히 과거의 시간을 회고하는 것에 그치지 않고 삶의 지혜라든가 인생의 오묘한 이치에 대한 통찰을 담고 있어서 잔잔한 감동을 자아낸다. 더군다나 이러한 인생에 대한 성찰과 깨달음은 인생에 대해서 거리를 두고서 바라볼 수 있는 여유의 시선과 전체의 윤곽을 가늠할 수 있는 관조의 관점으로 인해서 내면에서 저절로 우러나는 공감을 확보한다. 시인이 포착한 오묘한 인생의 묘미와 아름다움 혹은 의미와 가치에 대한 통찰의 세계로 들어가 보자.

저 먼빛
산골 마을 뜬소문 별빛처럼
박힌 삶 떼어낼 듯 덩달아 뜀박질하다
못 메운 허기 둘러매고 돌아서는 좁은 길
무시간 뒤척이며 쌓고 쌓은 모래성
섞바뀐 직선과 곡선 별것 아닌 부푼 녹
못 삭인

굼뉘에 휩싸여 든바다만 떠돌았다.
　　　―「덧없는 여정旅情」, 전문

　'덧없는 여정旅情'이란 물론 자신의 인생을 돌아보면서 젖어드는 감회를 표현한 것이다. 짧다면 짧고, 길다면 길 수 있는 한평생의 생애를 돌아볼 때 잘못된 선택과 시행착오로 인해서 회한에 빠져들지 않는 인생은 거의 없을 것이다. "뜬소문 별빛"이라든가 "덩달아 뜀박질하다" 등의 표현이 함축하고 있는 이미지들이 바로 그러한 오류와 착오로 점철된 인생의 한 국면들을 시사한다. 또한 "무시간 뒤척이며 쌓고 쌓은 모래성"이라든가 "섞바뀐 직선과 곡선" 등의 표현들도 헛된 꿈과 목표에 휩싸여 젊음을 탕진한 회한의 시간, 그리고 혼란과 착각으로 점철된 인생의 카오스적 국면을 환기한다. 인생에 대한 이러한 반성과 성찰은 "굼뉘에 휩싸여 근해 만 떠돌았다"는 둘째 수 종장으로 응축되는데, 바람도 불지 않을 때 일어나는 큰 파도에 휩쓸려 난바다로 나가지 못하고 든바다에서만 떠돌다 한평생의 시간을 허비해버린 인생에 대한 아픈 자각이 표출되고 있다. 잘 정련된 이미지 속에 회한의 절절한 감정을 응축하여 우려낸 절제된 표현이 압권을 이루고 있다. 다음 작품 역시 인생에 대한 회한이 고즈넉하게 펼쳐진다.

> 별똥별 빗금 긋듯 달리고 내달았다
> 발길을 멈춰봐도 잡히는 것 없는데
>
> 또 어느 된비알 기대어
> 목청 한껏 높이나
>
> 바래진 달빛 아래
> 보듬지 못한 힘든 이웃
>
> 비린내 지워내고 마음 다 열어봐도
>
> 길 떠난 웃음소리는
> 가늘고 희미하다
>
> 먼 하늘 초원에서 목마름에 기진해
> 이제는 어디에서 무엇을 잡아야 하나

내 영혼 살얼음 위의
게르 밖을 서성인다.
—「초원에서 목마름에」, 전문

 "별똥별 빗금 긋듯 달리고 내달았다"는 표현이나 "목청 한껏 높이나" 등의 표현에는 인생에 대한 열정과 에너지가 담겨 있다. 하지만 인생이란 자신만의 목표를 향한 질주가 아니라 옆을 둘러보고 함께 가야 하는 것이기에 "바래진 달빛 아래/ 보듬지 못한 힘든 이웃"에 대한 회한이 생기기 마련이다. 더불어 사는 삶에 대한 통찰이 부족하기에 시적 화자의 인생에 대한 성찰은 "길 떠난 웃음소리는/ 가늘고 희미하다"는 진단에 이를 수밖에 없는데, 이러한 자각은 앞만 보고 달려온 인생이 갑자기 마주치게 되는 회의와 허무주의의 모습일 것이다. "먼 하늘 초원에서 목마름에 기진해/ 이제는 어디에서 무엇을 잡아야 하나"라는 탄식은 갑자기 마주치게 된 목표 상실의 아노미적 난국과 허무주의로 몰락한 인생관의 위기를 대변해준다. 둘째 수 종장의

"내 영혼 살얼음 위의/ 게르 밖을 서성인다"는 구절은 긴긴 인생사란 결국 방황과 표류의 과정일 수밖에 없으며, 그로 인해서 영혼은 안식을 취하지 못하고 '살얼음' 위를 고독하게 떠돌 수밖에 없음을 암시한다. 짧은 연시조 안에 인생의 오묘한 진리를 포착하고 있다.

> 산행의 초입에 한 다발 이야기가
> 중턱은 비스듬한 햇살 여민 언어들
> 능선에 이르렀을 땐 텅 빈 속 채운 바람
>
> 오롯한 삶의 원형 간추려 밝힐 색상
> 가슴 저 깊은 곳 돋워줄 맛과 질감
> 좋은 것 담아 채우려는 필부의 여백
>
> 속심의 한 귀퉁이 둥근 달빛 괴 놓고
> 탐하지 않는 숭고한 꽃향기 풍기며
> 저기 저 대청마루의 작은 분홍 보자기
> 　　　　　　　　　—「필부의 여백」, 전문

인생이 아무리 방황의 연속이고, 고뇌의 과정이

라고 하더라도 단 한번 주어진 것이기에 누구든 그것을 소중히 다루지 않을 수 없다. 이 시조 작품의 "오롯한 삶의 원형 간추려 밝힐 색상"이라든가 "가슴 저 깊은 곳 돋워줄 맛과 질감" 등의 표현들이 자신만의 고유한 삶의 형식을 완성하고자 하는 욕망을 표출하고 있다. 물론 이러한 인생은 의미 있는 서사가 없을 수 없는데, "산행 초입의 한 다발 이야기", 그리고 "중턱은 비스듬한 햇살 여민 언어들"과 "능선에 이르렀을 땐 텅 빈 속 채운 바람" 등의 표현들이 고유한 한 인생의 서사를 구성하는 내용을 암시한다. 이러한 서사에 대한 암시들은 산행을 비유로 활용하고 있는데, 산행 초입의 설렘과 불안을 비롯하여, 중턱에서 느낄 수 있는 보람과 긍지, 그리고 능선에 이르렀을 때 다가오는 탁 트인 조망의 장쾌함 등이 인생의 각 국면을 환기한다. 이러한 인생의 서사를 통해서 시적 화자가 도달하고자 하는 목표는 바로 "삶의 원형 간추려 밝힐 색상"과 "가슴 깊은 곳 돋워줄 맛과 질감"이라는 고유한 삶의 형식이라고 할 수 있을 터인데, 그것의 구체적 모습은 마음속한 귀퉁이를 비추는 "둥근 달빛"이라든가 "숭고한 꽃향기" 등의 이미지가 표현해주고 있으며, 그러한 이미지들이 응축된 표현이 바로 "대청마루의 작은 분홍 보자기"라고 할 수 있다. "대청마루의 작은 분홍 보자기"라는 표현은 시인의 주관적인 정념이 채색된 이미지이기에 쉽게 단정할 수는 없지만, '둥근 달빛'이라든가 '숭고한 꽃향기' 등에서 유추할 수 있듯이 인품의 고결함이라든가 정신적 풍모로서의 어떤 고상한 정취 등을 연상할 수 있다. 자신만의 고유한 서사가 은은하게 발산하는 어떤 아름다움과 정취를 떠올리게 하는 셈이며, 인생에 대한 깊은 통찰이 빛나고 있다. 다음 작품도 고유한 삶의 형식에 대한 고민을 토로하고 있다.

> 흔들린 빈 소리에 대끼고 탓하다가
> 메마른 일상에서 몸에 땀 배어나는
> 또 어느 빗살무늬 삶
> 경계를 뛰어넘나.

때로는 주눅 들고 어쩌다 어깨 펴고
홀연히 피어오르다 다다가 팽개치다
몇 굽이 얼룩무늬 삶
언제 단색 칠할거나

너덜길 마다 않고 비집고 재촉하며
놓칠까 잃을까 봐 붙들고 내달았다
저 넓고 푸른 지평선
계절의 꽃은 피어난다
- 「한살이 무늬」, 전문

"한살이 무늬"라는 제목 자체가 고유한 삶의 정체성을 강조한다. 인생이란 일생을 통해 어떤 무늬를 이루어야 한다는 것, 그것이야말로 한 인생의 궁극적 목적이라는 인식을 내포한 제목인 셈이다. 첫째 수에서 "흔들린 빈 소리에 대끼고 탓하다가", 혹은 "메마른 일상에서 몸에 땀 배어나는"이라고 하면서 인생의 혹독한 시련과 고난을 암시하면서도 "또 어느 빗살무늬 삶/ 경계를 뛰어넘나"라고 하면서 고유한 삶의 승화된 모습에 대한 지향을 토로하는 대목은 바로 고유한 인생에 대한 열망 때문일 것이다. 시인이 둘째 수의 종장에서 "몇 굽이 얼룩무늬 삶/ 언제 단색 칠할거나"라고 하면서 '단색'을 강조한 것도 결국 고유한 삶의 형식을 완성하고자 하는 욕망을 강조한 것으로 해석할 수 있다. 가장 주목되는 대목은 셋째 수 종장인데, "저 넓고 푸른 지평선/ 계절의 꽃은 피어난다"는 표현이 고유한 삶의 형식에 대한 특성을 암시하고 있기 때문이다. 고유한 삶의 형식이란 곧 자연의 넓고 푸른 지평선에 계절의 꽃이 피어나듯이 자연의 이치를 따르는 것, 곧 순리에 순응하면서 자신의 삶을 운명으로 받아들이는 것이라는 함축적 메시지를 읽어낼 수 있는 것이다. 시인은 다른 시조 작품에서 "구르고 또 굴러서 몽돌이 짓는 미소/ 하늘빛 닮은 바다 끝 모를 깊은 골에/ 저 환한 한 삶의 고갱이 아우라가 너볏하다"(「세월의 회전목마」)라고 노래하고 있는데, 이러한 대목에서도 우리는 자연의 이치를 따르며 순리에 순응하는 것이 깊은 삶이 의미에 도달하는 것이며, 은은한 향기를 발산하는 인품을 완성하는 것이라는 메시지를 발견할 수 있다. 시인의 인생에 대한 성찰이 그윽하고 아득한 경지에 도달하고 있음을 읽어낼 수 있다.

2. 삶과 자연에 대한 관조의 시선

앞서 분석한 작품에서 시인은 자연의 이치와 순리에 순응하는 삶의 자세를 통해서 인생의 오묘한 이치와 인품의 향기에 도달하고 있었다. 실제로 이번 시집에서 가장 빛나는 부분 중의 하나는 자연의 관조를 통해서 세상의 원리와 삶의 이치를 발견하고 있는 국면이기도 하다. 시인은 보들레르가 「교감(交感, correspondence)」이란 시에서 "자연은 하나의 신전, 거기에 살아있는 기둥들은/ 때때로 어렴풋한 얘기들을 들려주고/ 사람이 상징의 숲을 통해 그곳을 지나가면/ 숲은 다정한 눈길로 그를 지켜본다"라고 노래했던 것처럼 자연을 경외의 눈빛으로 바라보면서 그 이면에 숨어 있는 이치와 메시지를 읽어내려고 노력한다. 인생의 서사만큼 그윽한 정취를 자아내는 자연에 대한 관조의 시선에서는 자연이 숨기고 있는 생명의 신비와 삶에 대한 의미가 그윽한 정취를 발산한다.

>길 위에 바람일 듯.
>움츠린 가슴 열어
>
>낙엽 사이 잔망스레
>가늘게 짓는 미소
>
>담담히
>시공에 새긴 언어
>애절한 저 작은 손짓
>―「꿩의바람꽃」, 전문

수풀 속에서 엎드려 자세히 보아야 보이는 바람꽃, 그중에서 가녀리면서 청초한 바람꽃인 '꿩의바람꽃'을 시화하고 있는데, 그 바람꽃의 가냘프고 연약한 속성에 초점을 맞추고 있다. 초장의 "길 위에 바람일 듯/ 움츠린 가슴 열어"라는 표현도 바람과도 같은 존재감을 지닌 바람꽃의 가녀린 성격을 강조하고 있지만, 중장의 "낙엽 사이 잔망스레/ 가늘게 짓는 미소"라는 비유 역시 작고 연약한 바람꽃의 속성을 강조하고 있다. 종장의 "애절한 저 작은 손짓" 또한 마찬가지의 강조점을 확인할 수 있지만, 여기서 주목되는 점은 "담담히/ 시공에 새긴 언어"라는 구절이다. 그러니까 꿩의바람꽃은 바람에 날려갈 듯 위태롭게 언덕에 피어있지만, 자신의 존재를 당당하게 주장하면서 시간과 공간 속에 자신의 정체성을 주장하고 있는 것이다. 이러한 장면은 세상에 존재하는 모든 존재자들이 지니고 있는 존재의 의미와 가치를 강조한 것으로 이해할 수 있는데, 다른 작품에서도 시인은 바람꽃을 "혹독한 겨울 색이 남아도는 산자락에 마른 낙엽 사이 비스듬히 내밀고 나와 실바람에 살랑대며 그저 휘둘리는 작고 사소한 꽃"이라고 명명하면서도 "새로운 시작 여성스러운 소박한 아름다움 묵묵히 시공간에 새겨진 창조적 언어들"(「바람 바람 바라ㅁ꽃」)이라고 하면서 바람꽃을 하나의 아름다운 생명체이자 창조적 예술품임을 강조한 바 있다. 숨탄것들인 가녀린 생명체를 대하는 시인이 시선이 웅숭깊기 그지없다.

> 달구비 추적추적 나들목 다독인다
> 나그네 가위눌려 걷고 또 걷는 길
> 도린곁 살피꽃밭의
> 꽃잔디가 반긴다.
>
> 부대낀 하루하루 회색 숲 들쳐메고
> 소리 없이 피어나 눈길 끈 꽃나무들
> 슬며시 감싸듯 다가와 품에 깊숙 안긴다
>
> 꽃 진 자리 아픈 구석 연두빛 새 잎새
> 흩은 맘 잡아주던 꽃술 갈피 향기가
> 세간의 이런저런 것
> 다
> 끌어안고 가란다
> ―「살피꽃밭」, 전문

"달구비 추적추적"이라든가 "나그네 가위눌려 걷고 또 걷는 길" 등의 표현들은 험난한 인생사의 간난신고艱難辛苦를 암시하고 있다. 둘째 수의

"부대낀 하루하루 회색 숲 들쳐메고"라는 표현 또한 고되고 수고로운 나날들을 시사하는데, 이러한 곤경과 질곡의 인생사를 위로하고 공감해주는 대상이 자연이다. 구체적으로 "도린곁 살피꽃밭의/ 꽃잔디"라든가 "소리 없이 피어나 눈길 끈 꽃나무들"이 그것들인데, 그러한 자연의 존재들은 고독한 인생에 대해서 위로와 위안을 제공한다. 하지만 더욱 중요한 것은 그것들이 인생의 어떤 방향성과 지침을 제공한다는 점이다. 셋째 수에서 시인은 "흙은 맘 잡아주던 꽃술 같은 갈피 향기가/ 세간의 이런저런 것/ 다/ 끌어안고 가란다"라고 하면서 세속적 삶의 자질구레한 사건들에 대해서 너그러운 관용과 포용을 제공할 것을 읽어내고 있다. 물론 자연이 이러한 교훈을 제공할 수 있는 것은 "꽃 진 자리 아픈 구석 연두빛 새 잎새"라는 구절이 암시하듯이 지고 피는 자연의 이치를 함축하고 있기 때문이다. 즉 사람들은 꽃이 피면 좋아하고 꽃이 지면 슬퍼하지만 자연은 꽃 진 자리에 다시 연두빛 새 잎새를 피우며 순리를 따라 흐르고 있을 뿐이다.

그러니까 좋아하고 싫어하는 것은 인간의 주관적 감정의 세계에 속할 뿐 자연은 묵묵히 섭리와 이치를 실현하면서 나아갈 뿐이 셈이다. 시인은 이러한 자연으로부터 세간에 대해 좀더 초연한 태도로 포용해야 한다는 메시지를 읽어내고 있다. 다음 작품에서는 솔향기가 그러한 역할을 한다.

    찰떡에 버무리는
    콩고물 냄새 마냥
    꿀꺽 침 삼키도록 스며드는 이 기운

    할머니 쓰다듬어주신
    따스한 손길 같다

    사념에 젖어 살다 예고도 없이 불쑥
    에굽은 동네 야산 그 기슭에 들어서자
    솔바람 솔향기가
    내 엉킨 속 달랜다

    푸나무 낯빛 다
    못 새기고 스치는데
    어느 틈에 다가와 슬며시 안기어서

몸에 밴 잡내 말끔히
씻어내어 바랜다
　　　－「솔바람 솔향기가」, 전문

　솔바람에 풍기는 은은한 "솔향기"가 시적 초점이다. 솔향기는 시인에게 정답고 친근한 감각으로 다가오는데, "찰떡에 버무리는/ 콩고물 냄새"라든가 "꿀꺽 침 삼키도록 스며드는 이 기운" 등의 표현, 그리고 "할머니 쓰다듬어주신/ 따스한 손길 같다"는 비유가 솔향기의 그러한 속성을 강조한다. 소나무의 향기가 그처럼 정겹고 다정한 감각으로 다가올 수 있는 것은 시인이 오랜 세월 솔향의 잔향 속에서 살아왔기 때문일 것이다. 하지만 더욱 중요한 것은 솔향이 지닌 그러한 포근함이 "내 엉킨 속"을 달래기도 하고, "몸에 밴 잡내"를 "말끔히/ 씻어내어 바랜다"는 점이다. 보통 솔향은 맑고 깨끗한 이미지를 지니고 있으며 청정무구의 향기로 세속의 번잡과 욕됨을 정화하는 것으로 인식되지만, 시인은 솔향에 할머니의 따스한 손길의 이미지를 덧씌우고, 그 정답고 다정한 손길을 통해 엉킨 속을 풀어내고, 세상의 잡내를 씻어낸다. 세상사의 번뇌를 속세의 초극을 통해서 달성하는 것이 아니라 깨달음의 궁극에서 입전수수(入廛垂手) 하듯이 청정무구의 경지에서 혼자만 고고한 깨달음의 경지에 노닐지 않고 세속을 끌어안고 함께 깨달음으로 나아가고자 하는 정신을 확인할 수 있다. 시인은 다른 시편에서도 "사는 냄새 짙게 풍긴/ 재래시장 들러 보면/ 속마음 비추어줘/ 차분히 가라앉아/ 마침내/

쉴 공간 여기로다/ 호박 미소 지워본다"(「호박 미소」)라고 하면서 사람 냄새나는 시장이야말로 진정한 삶의 거처라는 것을 강조하고 있다, 그러나 오묘한 세상의 이치는 녹록한 것이 아니다.

    뚝방 길 마른 풀잎
    진서리 품고 있다

    잠긴 물길 깊은 숨결
    아득히 멀어진다

해설 145

오롯이
세상일 다 안고
머물 줄 모른다

강섶의 저 살얼음
치밀은 삶의 자락

나 지금 무아무심
네 곁을 스치는데

네 속심 못다 헤아려
발걸음이 덧없다

— 「겨울 강」, 전문

'겨울 강'은 얼어있으면서 흐르고 있다는 점에서 생동하는 삶과 고요한 죽음을 동시에 함축하고 있는 이미지인지도 모른다. 그것은 표면이 꽁꽁 얼어 있어서 고요히 멈추어 있는 듯이 보이지만, 안에서는 끊임없이 흐르고 있다는 점에서 역동적인 움직임을 동시에 지니고 있는 것이기도 하다. 이 시조 작품에서도 겨울 강은 "뚝방 길 마른 풀잎"과

"진서리"를 "품고 있"을 뿐만 아니라 "깊은 숨결"이 "아득히 멀어"지는 역동성을 지니고 있기도 하다. 그래서 시인은 "오롯이/ 세상일 다 안고/ 머물 줄 모른다"라고 하면서 겨울 강이 지닌 그 지혜와 포용력을 상찬한다. 또한 시인이 보기에 겨울 강은 "치밀은 삶의 자락"인 "강섶의 저 살얼음"을 안고 흐르면서도 "무아무심"의 경지에 이르고 있다. 삶과 죽음을 포용하면서도 항상 위에서 아래로 흐르는 자연의 이치를 따르고 있기에 시인은 겨울 강을 아집과 집착에서 자유로운 "무아무심"의 경지에 들어 있다고 판단한 것이다. 물론 유한한 인간은 이러한 자연이 이치를 온전히 따를 수 없기에 시인은 "네 속심 못다 헤하려/ 발걸음이 덧없다"라고 탄식하지만, 겨울강이 지닌 덕성을 읽어낸 시인은 그 전의 시인과 조금은 달라져 있을 것이다. 자연에서 길어올린 지혜와 깨달음이 그의 삶을 다르게 변모시켰을 것이기 때문이다. 시인은 이제 한살이에 대한 회고와 자연에 대한 관조를 통해서 깨달은 삶의 이치과 지혜를 그윽하게 펼쳐놓는다.

3. 인공지능 시대를 살아가는 현대적 삶의 성찰

비빌 언덕 마땅찮아 길을 꺾고 또 꺾는다.

주워진 길 걷다가 새롭고 더 나은 길 찾아 옆으로 앞으로 꺾고 다시 꺾어 치근덕거리다, 정체 형성은 바람처럼 구름처럼 사르고, 두 눈은 앞을 향하는데 의식은 허공에 무의식은 바닥에 생각의 길은 두길 세길, 숲으로 해변으로 여울 물소리 새소리 짐승 소리 흔들린 마음의 뿌리 내릴 곳은 어디, 인생 잡사 부려놓을 곳 어디,

언제 어디서나 가다가 높낮이 춤추며 부딪치는 변곡선, 멎는 듯 변하고 변하여 펼치고 치솟아도 무표정한 세상의 침묵, 바라는 한길 잡초 속 꽃을 보고 어두운 슬픔이 무너져 내리는 밤, 밤 깊어 별빛 달빛이 떨어져 촛불을 켜는 피곤을 잊고 한마음 풀어내는 뒤엉킨 가시밭길, 불모의 땅 건너뛰고 겨울을 이겨내 봄을 기다리는 사랑의 씨 파종하는 사람과 사람들 사이

미소가 오롯이 깃든 그윽한 길에서나
　　　　　　　　　　　－「노마드 nomad」, 전문

　노마드nomad란 특정한 가치와 삶의 방식에 얽매이지 않고 끊임없이 자기 자신을 바꾸어 나가며 창조적으로 사는 인간형을 뜻하기도 하고, 여러 학문과 지식의 분야를 넘나들며 새로운 앎을 모색하는 인간형을 일컫기도 한다. 이 시에서 노마드란 긍정적이고 이상적인 삶의 방식과 거처를 찾는 모험으로 설정되어 있다. "주워진 길 걷다가 새롭고 더 나은 길 찾아 옆으로 옆으로 꺾고 다시 꺾어 치근덕거리다"라는 표현이나 "흔들릴 마음 뿌리 내릴 곳은 어디, 인생 잡사 부려놓을 곳 어디"라는 표현이 유토피아를 지향하는 시인의 내면적 열정을 대변해주고 있다. 결국 시인이 발견한 곳은 어디인가? "밤 깊어 별빛 달빛이 떨어져 촛불을 켜는 피곤을 잊고 한마음 풀어내는 뒤엉킨 가시밭길, 불모의 땅 건너뛰고 겨울을 이겨내 봄을 기다리는 사랑의 씨 파종하는 사람과 사람들 사이"라는 구절이 그 궁극적 결말을 말해준다. 결국 가장 바람직하고 이상적인 삶의 방식과 거처란 "사랑의 씨 파종하는 사람과 사람들 사이"라는 것, 더불어 사는 삶을 통해서 사랑의 씨앗을 싹틔우는 삶이야말로 가장 아름다운 삶이라는 것이라는 결론에 도달하고 있는 것이다. 이러한 삶의 방식이야말로 "미소가 오롯이 깃든 그윽한 길"이라고 할 수 있으며, 인간이 도달해야 할 구경의 길이 되는 셈이다. 그런데 바람직한 삶의 자세는 과거를 돌이켜보는 것이 아니라 미래를 내다보는 지혜에서 오기도 한다.

로봇이 하는 말 네 말소리가 내 말소리
너와 나 살 비비며 수면 아래 앉아 봐
사랑은 숨 쉴 때뿐이야
파랑에 휩싸인다

네게는 혼절할 일 나에겐 일상이다
영혼 없는 몸뚱이 무엇을 바라겠나
내 몸이 네 것이라지만

나는 네 삶 싸맨다

어둠 속 대청마루 상전이 누구겠나
편하려 새것 찾지만 스스로 옭아맨다
힘든 게 행복이란다
노을빛은 곧 사른다

너는야 가는 세월 뭉개며 탓하고
나는야 오는 세월 반기며 샘한다
내 게는 붉은 피 없어
무아 무상 춤사위다

　　　　　　　　　　ー「AI의 입말」, 전문

  우리는 이미 4차 산업혁명 시대에 진입하고 있으며, 앞으로 인공지능과 함께 살아가야 할 시대가 펼쳐질 것이라는 호들갑스러운 시대 전망이 목소리를 높이는 시대에 시인은 조용히 인공지능 시대의 우리의 바람직한 삶을 모색한다. 이러한 장면을 보면 시인이 얼마나 차분하게 세계와 삶에 대해서 관조하며 성찰하는 자세를 견지하고 있는지를 알 수 있다. 시인은 인간이 인공지능을 바라보는 시선이 아니라 인공지능이 인간을 바라보는 시선을 택하여 인간이 어떤 처지에 처해 있는지, 인공지능과 어떤 변별점을 지니고 있는지를 탐구한다. 내가 나를 바라볼 때 안 보이던 것들이 타자의 시선이 되면 보이는 것처럼 인공지능의 시선을 택하자 인간의 속성이 그 진면목을 드러낸다. 인공지능에 의하면 인간이란 부정적인 측면에서 변덕스러운 존재인데, "사랑은 숨 쉴 때뿐이야/ 파랑에 휩싸인다"는 인공지능의 말이 이를 알려준다. 또한 인간은 "편하려 새것 찾지만 스스로 옭아맨다/ 힘든 게 행복이란다/ 노을빛은 곧 사른다"라는 인공지능의 잠언과도 같은 대사에서 알 수 있듯이, 노동과 고통을 통해서 가치를 창출하는 존재이기도 하다. 인간에 대한 가장 중요한 통찰은 네 번째 수에서 이루어지고 있는 유한성이라는 속성인데, 그것은 인간의 속박이기도 하지만 또한 해방의 가능성이기도 하다. 시인은 "너는야 가는 세월 뭉개며 탓하고/ 나는야 오늘 세월 반기며 샘한다"라고 하면서 인공지능과 달리 인간은 시간의 파괴적 국면에

노출되어 있어서 불안한 존재임을 전제한다. 그리고 "내게는 붉은 피 없어/ 무아 무상 춤사위다"라는 구절을 통해서 '붉은 피'로 상징되는 욕망과 집착으로부터 벗어날 때 유한성은 무화될 수 있으며, '무상 무아'의 해탈에 이를 수 있음을 강조한다. 인간의 해탈 가능성을 인공지능으로부터 이끌어내고 있다는 점에서 이 시는 반어적인데, 일반인들이 인공지능을 인간의 능력을 대신해 줄 수단으로 취급할 때 시인은 내면적 해방의 가능성을 그것에서 이끌어내고 있기 때문이다. 그러나 유한성과 가변성을 지닌 인간의 운명은 번뇌와 질곡에서 쉽사리 벗어나기 어렵다.

회색 숲 고샅길에 느닷없는 싱크홀
누구도 가늠 못할 시간과 공간의 벽
맘속은 메마른 봄 햇살 꿈틀대는 난바다

한 치 앞 알 수 없이 다가오는 시공세계
울림은 쉬지 않고 천리마는 달리는데
능소화 담장 너머로 아낙 안부 묻는가

푸른 섬 물빛은 하늘빛 닮아가는데
빌딩 숲 마른 향기 목젖이 내려앉고
한 생애 귀얄 스친 무늬 언제 어디 걸리나

빗금은 빗금대로 흔적은 흔적대로
허상은 일상화될 자율주행, 드론 택시
꽃무릇 소오롯 잔치 휘둘리는 시공간
- 「시공간」, 전문

    시간과 공간이란 근원적인 인간의 존재 조건이 되며, 임마누엘 칸트에 의하면 그것은 인식의 선험적 조건이 되기도 한다. 따라서 그러한 시공간에 발 딛고 있는 인간 존재에게 그것의 불안정성은 곧 삶의 불확실성과 운명의 불가사의함으로 연결된다. 삶의 과정이 불안과 공포에 시달리는 것은 그러한 존재 조건의 균열과 간극 때문일 수도 있다. 이 시조 작품은 "회색 숲 고샅길"의 "느닷없는 싱크홀"을 문제삼고 있는데, "누구도 가늠 못할 시간과 공간의 벽"이라든가 "한 치 앞 알 수 없이 다가오는 시공세계"라는 구절들이 시간과 공간의 상대

성과 가변성을 강조한다. 이러한 상황이기에 시인의 주된 관심사인 온전한 삶의 형식을 완성한다는 것은 요원한 일이 되고 마는데, 세 번째 수의 종장 "한 생애 귀얄 스친 무늬 언제 어디 걸리나"라는 대목이 그러한 상황에 대한 탄식을 보여준다. 더구나 시대는 바야흐로 디지털 혁명의 첨단을 향해 가고 있기에 "허상"이 "일상화될 자율주행"과 "드론 택시"가 시간과 공간의 아날로그적 안정성을 심하게 훼손할 것이 뻔한데, 이러한 시대에 고유한 무늬를 이루는 삶의 완전성을 기대하는 것은 어려울 것이다. 넷째 수 종장의 "꽃무릇 소오롯 잔치 휘둘리는 시공간"이라는 표현이 바로 그러한 사실을 암시하는데, '이룰 수 없는 사랑'이라는 꽃말을 가지고 있는 꽃무릇처럼, 인생은 꽃과 잎이 다른 시기에 피어 만날 수 없는 것처럼 영원히 어떤 합일과 화음에 도달할 수 없는 시대로 빠져들고 있는지도 모르는 것이다. 이러한 카오스의 시대를 살아갈 삶의 지혜는 어떤 것일까? 시인은 '모퉁이의 돌' 하나를 넌지시 내세운다.

못나서 꺼칠하고 볼품없어 버려둔 돌

   나뭇가지 사이로 담 슬쩍 넘어온 조각달 내려앉자 보듬어 만지고 다독이며 귀엣말 속삭인다, 버려져 뒹굴다가 아무나 할 수 없는 명장의 손길에 쪼고 또 쪼아내 다듬어져 낮은 곳 덤덤히 자리 잡고 말이 없다, 아침저녁 햇살이 애만지고 거센 비바람에 들켜 후비어도 꿈적 않은 그 모습 그대로 머릿돌은 좌우를 어우르며 가로세로 어느 쪽에도 치우치지 않고 공평무사 균형 잡는 기둥의 받침으로 없어서 안 되는 건물의 기초석인 돌
  주춧돌
  기둥의 머릿돌
  모퉁이 돌

   자신의 것 다 내려놓은 듬직한 저 침묵의 향기
                        ―「모퉁이 돌」, 전문

   "예수님께서는 '너희 집 짓는 자들에게 버림을 받았지만 모퉁이의 머릿돌이 되신 분'이십니다." 라는 『사도행전』 4장 11절을 부제로 달고 있는 이

작품은 예수가 실천으로 보여준 삶의 바람직한 자세를 소환한다. "못나서 꺼칠하고 볼품없어 버려둔 돌"이지만 그것이 머릿돌이 될 수 있었던 것은 "좌우를 아우르며 가로세로 어느 쪽에도 치우치지 않고 공평무사 균형 잡는 기둥의 받침"이 되었기 때문이다. 중용의 덕목을 실천하면서 타자를 포용하는 정신으로 그 도량을 넓혔기에 하나의 건물을 받쳐줄 수 있는 초석이 될 수 있었던 것이다. 또한 "자신의 것 다 내려놓은 듬직한 저 침묵의 향기"라는 종장 구절에서 알 수 있듯이 악착같이 자신의 소유물을 확보하려는 집착으로부터 벗어나 모든 것을 내려놓을 수 있는, 저 선종禪宗에서 말하는 '방하착放下著'의 기율을 실천할 수 있었기 때문일 것이다. 시인이 한 건물의 토대가 되고 초석이 되는 돌을 굳이 '모퉁이' 돌이라고 하면서 변두리나 구석진 곳을 강조하는 것은 곧 자신을 내세우지 않는 것을 부각하기 위한 것인데, 변두리를 자처하면서도 유유자적하는 인품의 고결한 모습은 '침묵의 향기'라는 그윽한 이미지로 묘사하고 있다. 모퉁이 돌과 같은 삶, 혹은 침묵의 향기를 발산하는 삶이야말로 시인이 인생과 자연을 관조하고 성찰하면서 도달한 구경의 진실에 해당될 것이다.

    천강래 시인의 다섯 번째 시조집인 『모퉁이 돌』의 시적 지향과 시의식, 그리고 시인이 도달하고자 한 시조 미학에 대해 간략히 살펴보았다. 시인의 이번 시조집의 작품들은 무엇보다 현대시처럼 초조하거나 다급하지 않아서 좋다. 여유가 느껴지고, 억지로 꾸며 쓰는 표현이 없으며 물 흐르듯이 자연스러운 시조의 행보가 빛을 발한다. 시인은 자신의 삶을 반추하면서 인생의 오묘한 이치와 의미에 대해서 되새기기도 하고, 자연을 관조하면서 그 속에 숨어 있는 섭리와 순리를 읽어내기도 한다. 하지만 그것을 독자에게 강요하거나 강권하지 않는다. 독자를 향해 엄숙한 교훈의 메시지를 던지면서 가르치려 하지 않는다. 다만 자신이 탐구하고 발견한 결과를 있는 그대로 묘사할 뿐이다. 이러한 모습에서도 우리는 시인의 문학에 대한 관조와 달관의 시선을 느낄 수 있다.